Alberto Conejero López (Vilches, Jaén, 1978) es dramaturgo y poeta. Licenciado en Dirección de Escena y Dramaturgia por la Real Escuela Superior de Arte Dramático y doctor por la Universidad Complutense de Madrid.

De su obra teatral —muy reconocida y premiada— destacan: *En mitad de tanto fuego* (2024); *El mar: visión de unos niños que no lo han visto nunca* (2022); *La geometría del trigo* (2019); *Los días de la nieve* (2017); *Todas las noches de un día* (2018); *La piedra oscura* (2015); *Ushuaia* (2013-2022); y *Cliff (acantilado)*, de la que hay una nueva versión con el título: *¿Cómo puedo no ser Montgomery Clift?*

Ha sido también responsable de diversas dramaturgias y reescrituras: *Medea* (Teatre Lliure), *Electra* (Ballet Nacional de España y Teatro de la Zarzuela, 2017), *Fuenteovejuna* (Compañía Nacional de Teatro Clásico, 2017), *Troyanas* (Festival de Teatro Clásico de Mérida, 2017), entre otras.

En febrero de 2020 publicó *En esta casa*, su segundo poemario tras *Si descubres un incendio* (2017).

Leonora

Pepitas de calabaza s. l.
  Apartado de correos n.º 40
  26080 Logroño (La Rioja, Spain)
  pepitas@pepitas.net
  www.pepitas.net

Cubierta: Fotografía anónima de Leonora Carrington
en su casa de Saint-Martin-d'Ardèche (1938)

ISBN: 978-84-18998-92-8
Dep. legal: LR-962-2024

Primera edición, septiembre de 2024

ALBERTO CONEJERO

Leonora

Estoy fuera con linternas,
buscándome a mí misma.

EMILY DICKINSON

¿Para qué inventar?
Lo cierto es más raro.

SILVINA OCAMPO

Ahora hago
la lucha de vivir conmigo
misma, que no es muy fácil.

LEONORA CARRINGTON

Nota del autor

Este texto está inspirado libremente en la obra y en algunos episodios de la vida de la creadora Leonora Carrington.

Si llegara a un escenario podría ser interpretado por una o por varias actrices, quizá acompañadas de cinco hombres, cinco caballos y cinco violines.

Quiero dar las gracias a Luz Arcas, Clara Peya, Juan Carrillo, Gabriela Flores, Luis Herrero, Zaira Montes, José Troncoso, Eva Rufo, Xavier Bobés y Machús Osinaga por su compañía y su mirada generosa durante el proceso de escritura. También agradezco a la Universidad Nacional Autónoma de México el apoyo que me ofreció para una primera aproximación al universo de la creadora.

Este texto no hubiera sido posible sin la lectura del diario de Leonora Carrington *Memorias de abajo*, publicado por Alpha Decay en traducción de Francisco Torres Oliver; aparecen también citados algunos versos de Christine Lavant y de Odiseas Elitis.

Mi gratitud y mi devoción por Leonora.

el cuerpo es siempre la primera pincelada

En el inicio puede que todo el escenario esté a oscuras. Quizá el texto que sigue se proyecte o susurre sin que veamos aún el cuerpo de la intérprete. Si el texto permaneciera en el folio, divisaríamos estas primeras letras empujando desde el corazón del blanco:

Si este escenario no fuera un escenario,
sería un lienzo.

Aparece LEONORA. *¿De dónde surgió?*
¿De entre la luz, del fondo del folio o del lienzo?

LEONORA.–
Hasta que he aparecido,
el lienzo estaba en blanco.

El cuerpo es siempre la primera pincelada.

La pintura que os voy a entregar
cuando abandone este escenario
no tendrá asunto ni argumento;

tampoco la pobreza de la comprensión
a la que llamamos «tema».

Nada de eso.

Mi dolor y mi alegría,
mis vivos y mis muertos,
es lo que voy a hacer visible
en la pintura.

En un margen, al terminar, escribiré mi nombre:

Mary Leonora...

El apellido queda detenido en la boca.

Si este escenario fuera un lienzo, yo aquí vendría a pintar mi
autorretrato, pero yo soy multitudes, así que mi autorretrato es
siempre colectivo. ¿Cuántas Leonoras han muerto y cuántas han
nacido? ¿Cuántas me esperan al otro lado del mar y cuántas están
aquí, conmigo?

Porque
lo desconozco,
me adentro
en la pintura.

Lo primero que perfilo es esta escena: la del puerto de Lisboa,
una mañana de julio de 1941.
En el puerto, una figura de mujer.
La mujer, sentada sobre una maleta o de pie, da igual, soy yo,
Leonora Carrington, y estoy en el puerto de Lisboa esperando para
subir a un barco. El barco —lo veo allí: metálico, gigante, helado—

se llama SS Exeter y su destino es Nueva York. La maleta en la que espero sentada o que sujeto con la mano izquierda tiene mi nombre cosido y una plaquita de latón incrustada con una palabra escrita: REVELACIÓN.

En ese momento de mi vida tengo veinticuatro años, pero mi voz puede estar en un cuerpo de diez o de cincuenta o de cien. Porque en el escenario, como en el lienzo, conviven el pasado, el presente y el futuro.

Si este escenario —os digo— fuera un lienzo, fuera un cuerpo, fuera un puerto, fuera un cielo, yo habría llegado hasta aquí huyendo de los deseos de mi padre, que quiere enviarme a un sanatorio mental, ¡uno más!, esta vez en Sudáfrica, porque yo, su hija —la rara, la perdida, la pintora, la descarriada, la echada a perder, la echada a llorar, la echada a temblar, la echada al mundo—, necesito vigilancia. Y yo, papá, yo lo único que necesito es OLVIDARTE.

Para hacerlo he de arrancar la parte podrida de mis raíces.

Remonto mi vida. Subo por los años como una alpinista. Escalo, escalo y escalo, siempre a punto de resbalar y de desaparecer en el vacío.

Tengo veinticuatro años.

Tengo veinte años.

Tengo quince años.

Tengo diez años.

Tengo cinco años.

En las últimas líneas ha empezado a sonar un rumor de voces en distintos idiomas y un relincho de caballo.

retrato de familia
con niña-centauro

La luz ha cambiado. Quizá ha proseguido el relincho de caballo,
y puede que se le hayan sumado un espigueo de agujas de reloj,
el balido lejano de ovejas encerradas en los vagones de un tren, la
sirena de un barco y el estruendo de puertas metálicas al cerrarse...
Quizá algo sutil también ha cambiado en la voz de LEONORA, *algo*
que tiene que ver con la infancia.

LEONORA.–
   Siempre salí borrosa en los retratos de familia.
   O de espaldas. O con un gesto inconveniente.

   —Leonora, ¿no te puedes quedar quieta?
   —Leonora, nos arruinas la fotografía.
   —Leonora, ¿te tendremos que atar las manos?

   Leonora, Leonora, Leonora.
   Leonora, la niña de buena familia,
   corriendo por la campiña inglesa, escondida
   en algún rincón de la mansión, soñando
   con ser la protagonista de una leyenda celta.

                                        Yo, Leonora,
la única mujer de cuatro hermanos,
la gran decepción de mi padre,
que imaginó para mí
un destino preclaro:
un marido aristócrata y cuatro o cinco partos;
pero yo escapo,
escapo,
escapo
de su voluntad.
Me pierdo con los libros y las grullas,
me pierdo entre los abedules y en los remansos
de Hazelwood Hall:
me alzo sobre un caballito de cartón
al que bautizo con el nombre de Tártaro.
Subida a su grupa, me paso horas
y horas y horas y horas y horas y horas y horas
y horas y horas y horas y horas y horas
al galope de la imaginación.

Cuando mi padre descubre
que amo ese caballo de cartón
le prende fuego.

Mi madre llora, pero no lo detiene;
no dice ni hace nada.

Mi padre prende fuego a mi caballo.
Lo veo
      arder.
Cuando el caballito se consume,
recojo las cenizas con las manos
y me las trago.

Ahora soy una niña-centauro.

Mi niñera irlandesa, Nanny,
ha visto lo que he hecho con las cenizas;
me arrastra de la muñeca izquierda,
me lava las manos, la cara, el cuerpo entero
con jabón e incienso;
me dice: «Se te ha metido bien adentro el diablo, Leonorita»,
y se persigna
y frota y frota y frota y frota mi carne hasta dejarla ardiendo.

No es suficiente. No puede quedarse callada.
«Leonora se ha tragado las cenizas del caballo»,
les dice a mis padres, y vuelve a persignarse.

Los veo hablar en el jardín. Mi padre mueve los brazos en el aire.
Mi madre asiente en silencio.
Me descubre mirándolos por la ventana.
Baja la cabeza... y comprendo.
Mis hermanos, todos de ojos verdes, tampoco me defienden.

Mi padre me envía a un internado y me expulsan.
Me envía a otro internado y también me expulsan.
Se enfurece mi padre. Quiere castigarme
con la distancia, «un exilio corrector».
Considera que necesito la disciplina de los viejos católicos
del continente,
gente que habla de la piedad sin piedad alguna.

—Prepara tu maleta, Leonora.
—Siempre está preparada. ¿Adónde me enviáis?

Mi padre ha encontrado una Escuela de Buenos Modales
para aristócratas en Florencia.

Y ese fue tu error, papá. El definitivo.
Para alejarme de mi destino, me empujaste a él.
Porque allí, en Florencia, delante de un cuadro de Ucello,
sucede la revelación.
Un meteorito azulado recorre mis venas
cuando contemplo el cuadro.
No hay vuelta atrás.
La revelación.

> *Pausa. Quizá* LEONORA *nos mira a nosotros, como
> si formáramos el cuadro de Ucello. Quizá podemos ver
> así en sus ojos la revelación.*

Seré artista. Seré
pintora.

Me lo repito como una promesa o un mandato
delante del cuadro de Ucello.

Seré
pintora.

Regreso a Inglaterra
con mi vocación escondida en el pecho
como un pájaro asustado.

¿Cómo voy a callarme esto?
¿Cómo voy a callarme esto?
¿Cómo voy a callarme esto?

Le confieso a mi madre mi deseo:
«Y no podréis hacer nada para impedirlo».

Ella me susurra:
—Tú no estás destinada a envejecer dócil ni sumisa. Lo supe
al darte a luz, hija mía. Todas las mujeres de nuestra estirpe somos
druidas, tejedoras de lo invisible, pero los hombres tienen miedo
de lo desconocido, así que protégete, Leonora. No le digas a nadie
quién eres. No compartas tus sueños con el primero que te sonría.
Para que nadie te hiera, lleva siempre una máscara, Leonora.

Tengo la primera sangre.
La señal que esperaba mi padre para entregarme a un hombre.

Con la sangre fresca entre mis muslos, acelera los planes
para convertirme en alguien «de provecho».
Pretende para mí un marido noble y rico
que me enderece, que me ponga recta,
a mí, la torcida, la rara, la sonámbula.

Me disfraza de señorita,
me presenta ante la corte de Jorge V
envuelta en un lazo
y con las mejillas cubiertas de polvos.

Baile de debutantes en el palacio de Buckingham.

Suenan los violines en la recepción. Van y vienen las bandejas
atestadas de comida, las conversaciones
ingeniosas, *blablablá*, los tratos de negocios
disfrazados de afecto, *blablablá,*
No soporto a toda esta gente
que ríe y ríe ajena al misterio del mundo.

¡Cuánto quisiera una máscara de hiena
para rasgarles las mejillas!
Uno de esos mequetrefes me pregunta
cuáles son mis propósitos para el Año Nuevo:
«Yo he venido a derramar la leche del sueño», le digo,
y clavo la mirada en sus ojos de musaraña bobalicona.
Balbucea. Balbucea. Se marcha espantado.

Aguardo con mi padre el turno en el besamanos
para saludar a los monarcas.

Cuando llego frente al rey, grito:
—¡Mi reino no es de vuestro mundo!

Y antes de que los guardias se abalancen sobre mí,
vuelvo a gritar:
—¡Feliz 1935!

cuatro mujeres dormidas

Quizá algunas de las palabras que siguen suenen desde otro lugar, como un eco, una polifonía, un bucle sonoro de LEONORA *con su recuerdo...*

Después del episodio con el rey,
de ese «escándalo inasumible»,
«baldón para nuestra familia»,
«oprobio sin parangón»,
decides encerrarme de nuevo, papá;
ya no sirven escuelas estrictas
ni sádicas institutrices
ni reformatorios;
hablas ya de un «lugar de reposo»,
un «balneario».
Venga, papá, rompe la cáscara del eufemismo,
dilo:
un manicomio, quieres encerrarme en un manicomio
«porque soy débil mental».
Pero
yo escapo,
escapo,
escapo
de tu mandato.

Recojo la maleta
y huyo en el sigilo de la noche.

Me marcho a la capital, a Londres.

Me apunto a una escuela de pintura.
La radio dice que en España
ha estallado la guerra.

Horas y horas y horas
para pintar una manzana.

La radio dice que Egipto
ya no nos pertenece.

Una semana y otra y otra
para pintar una manzana.

La radio dice que en Londres
el fuego ha devorado el Palacio de Cristal.

Seis meses y he pintado una manzana.

A escondidas, mi madre me hace llegar un libro.
En la tapa gruesa leo:
SURREALISMO.
Lo abro y el libro tiembla en mis manos.
Paso las páginas de buen papel calibrado.
Todos son señores, qué vamos a hacerle,
pero en esas imágenes hay algo
que siento más verdadero

que mi casa,
que mi lengua,
que los que dicen ser mi familia,
en esas imágenes hay algo de mí
que desea nacer
desde hace tiempo.

Cada noche me duermo con el libro en el regazo.
Sueño con las imágenes.
Las mezclo en la cocina de mi insomnio.
¿Qué es esto que hierve en mis entrañas?

Una de mis compañeras de escuela me invita
a una cena con pintores.
«Una oportunidad».

Allí está sentado Max Ernst. Reconozco al instante
la cara más hermosa de aquel libro
que mi madre me había regalado.
Max se acerca. Me da la mano.
No me dice su nombre. Yo no le digo el mío.
Mi corazón es un niño amenazado por dos ruiseñores.
¿Qué puedo decir ahora,
qué puedo decir que no sea AMOR?
Yo tengo diecinueve años y Max cuarenta y seis,
pero podría decir que tengo mil años y él un segundo,
o que nacimos al tiempo
la primera vez que nos abrazamos.

¿Quién puede dudarlo?
Mi padre consigue que emitan una orden de arresto
en cuanto la noticia llega a sus oídos.

«La obra de ese alemán es pornografía», dicen.

«Podría ser su padre», dicen.

«Y además está casado», dicen.

Todo era verdad y todo me daba igual.

Huimos a Cornualles y luego a París.

Y yo ya soy otra Leonora, escribo y pinto y río y río y soy Leonora bajo el sol de medianoche, y pinto y pinto y pinto en la posada del alba, en los cafetines, en las callejuelas. Los compañeros artistas, los amigos de Max, me miran con recelo y con deseo. Responden a mis primeras obras con indiferencia o, peor aún, con condescendencia. Cuánto se parecen los hombres a los hombres, qué desesperación, qué rabia... y qué aburrimiento. Nos hacen una fotografía. «Cuatro mujeres dormidas». Rompo todas las copias que encuentro impresas:

—No somos *bellasdurmientes*, somos gigantas hibernando. Si parecemos sordas es para no oíros. Cuando suene la corneta, temed el deshielo.

A veces le digo a Max que desearía que él fuera otra mujer o yo otro hombre o que nos convirtiéramos en una criatura hermafrodita sin nombre y sin patria. Una quimera de cuatro brazos y cuatro piernas y dos corazones y dos cabezas. Mi madre viene a verme a Francia. Me entrega un sobre con dinero y me nacen alas. Nos vamos de París. Compramos una casa en Saint-Martin-d'Ardèche. Max y yo convertimos ese lugar en nuestro paraíso. *(LEONORA traza un mapa con su voz, señala y nombra)* Ángeles y esfinges, pájaros y caballos-toro de escayola, calderos, gárgolas en puertas y ventanas, levitan las cucharas y los platos; siembro las vides, planto patatas, cuido lo invisible con mis manos. *(Lo que sigue quizá lo oímos en una radio)* Es 3 de septiembre de 1939. ¿Feliz Año Nuevo? Ha estallado la Segunda Guerra Mundial. ¡Que detengan al alemán degenerado!, dicen los franceses. Y lo detienen. Lo internan en un campo de concentración para ciudadanos alemanes. Después de varios sobornos, consigo que lo liberen. Regresa a casa. ¿Por cuánto tiempo? Es 10 de mayo de 1940. Alemania invade Francia. ¡Que detengan al alemán degenerado!, dicen los alemanes. Y llaman a la puerta.

como los pájaros

LEONORA.—
De madrugada llaman a la puerta.
Bajo la lluvia fina y persistente,
dos soldados alemanes
de pie clavados allí
con sus fusiles. La Gestapo.
«¿Qué queréis?», les pregunto en inglés.

(Quizá hemos oído la pregunta en inglés)

—Entréganos al hombre. ¿Dónde lo tienes escondido?
—Aquí no hay nadie. Estoy sola.
Me pegan con la culata del fusil.
Me retuerzo de dolor, pero no me muevo de la puerta.
«Aquí no hay ningún hombre»,
les digo en inglés, les digo en francés.
Al oír los gritos, Max decide entregarse.
Baja las escaleras ya con el abrigo puesto.
Me aparta. Me suplica que suba a nuestra habitación.
No sé qué le dicen los soldados.
Max se va con ellos.

(Pausa)

¿Por qué se aleja sin mirarme?

Me quedo en la casa sin Max.
Solo puedo llorar.
Soy veinticuatro horas de lágrimas,
veinticuatro horas
una huérfana de mi cuerpo.

Dejo de comer carne.
No logro hablar con Max.
Dejo de comer.
Necesito hablar con Max.
Me lleno la sangre de vino.
¡Quiero hablar con Max!
No tengo ninguna noticia.

Debo seguir viva.
Eso pensé cuando más cerca estaba de morir.
«¿De dónde saco las fuerzas, Max?
Dímelo tú, dímelo tú, amor mío».

Abro las puertas y las ventanas. Salgo.
La luz me deslumbra.
No puede morirse lo que juntos sembramos.
Trabajo en las vides.
—Están a punto de florecer
y hay que sulfatarlas.
Trabajo en los campos de patatas.
—Quiero sudar la tristeza,
purificarme.
Los campesinos me miran,
las vides, la tierra, me miran.

—Ay, Leonora, qué cara de fantasma
se te puso. ¿Todavía no has podido hablar con Max?

Los nazis se apoderan de Bélgica
e invaden el norte de Francia.
Vienen otros soldados a la casa,
aunque siempre tienen la misma cara.
—¿Creéis que soy una espía?
Me insultan. Me golpean.
—No os tengo miedo.
No voy a morir aquí, no moriré donde he amado.

Los nazis son como hormigas voraces.
Avanzan. Avanzan. Avanzan.
Las tropas alemanas están más cerca
de todos los rincones de Europa.
Mis amigos suplican que me vaya,
dicen que los nazis me violarán,
dicen que no puedo imaginar
de qué son capaces.
Me hablan de España.
Pronuncio por primera vez el nombre de ese país
en una lengua que no hablo:
ES-PA-ÑA.

Acepto.
Lo hago porque tengo un plan.
Llevo escondido en el regazo
el pasaporte de Max.
En Madrid quizá pueda conseguir el visado y rescatarlo.

«Después nos iremos al oeste. Como los pájaros.
Nos encontraremos en ESTREMADURA».

Eso le escribo a Max en una nota
y la dejo sobre nuestra cama.

Ojalá se la hagan llegar a la cárcel.
He pagado para que así sea.
Se me acaba el dinero.

Abandono la única casa en la que he sido feliz.
Me desprendo de todo lo que mis manos hicieron.
Guardo el pasaporte de Max en mi pecho.
«En Madrid conseguiré el visado».
Agarro lo que puedo y lo meto en una maleta.
Tiene mi nombre cosido: LEONORA,
y debajo una plaquita de latón incrustada
con una palabra escrita:
REVELACIÓN.

Mis amigos me esperan en el coche.
Nos vamos de Francia.
Adiós, quimera de pechos turgentes.
Adiós, unicornio con la crin en llamas.
Adiós, gárgolas rampantes.
Adiós, mujer-yegua con alas en la espalda,
despídeme de tu corazón de yeso.
Adiós, Lord Candlestick,
mi queridito papá,
no envíes los negros caballos,
no podrán encontrarme
al otro lado de las montañas.
Hasta pronto, Max, amor mío.
Te juro que te rescataré.

El coche carmín avanza por la carretera.
Miro el cielo:
«Cuánto azul derrochas, Dios mío, para que no te veamos».
La casa queda atrás.

¡Un último vistazo!

«Adiós, árboles solitarios
de los amantes que nunca fueron esposos».

el pacto con la montaña

LEONORA.–
Hay hileras de ataúdes en los arcenes.
Camiones
con piernas y brazos asomando por los bordes.
Aunque vamos con las ventanillas subidas,
huele a muerte también en nuestro coche.
Mis amigos me piden que cierre los ojos.
Yo quiero mirar el horror del mundo.
Siento el espanto,
abejas agonizantes
en las pupilas.
Los bosques están tristes y en silencio,
como si ángeles extraviados perecieran en ellos.

Llegamos como refugiados a Andorra.
AN-DO-RRA.
Un país miniatura
en el que Dios nunca estuvo
ni se le espera.

En la pensión no hacen demasiadas preguntas.
Aquí viven de mirar para otro lado, me comentan.

Nos toca esperar antes de cruzar la frontera.

De noche puedo escuchar mis nervios,
son como un río que corre sin cesar
sobre rocas, hipnótico y monótono.

Intentamos cruzar por primera vez
la frontera española.
No podemos.
Hay que esperar más, nos dicen.

Voy a la montaña sola.
Al principio apenas puedo moverme,
pero al poco
escalo,
escalo,
escalo;
subo por las paredes verticales
como una cabra,
puedo saltar entre las rocas,
atisbo otras formas de conocimiento.
He pasado demasiado tiempo
como una piedra en el fondo de las cosas.

Los lugareños me miran,
susurran,
gritan.
No importa:
he hecho un pacto con la montaña;
me acerco a sus animales:
a los osos, a las lobas, a las aves.
No huyen,
me esperan,

los acaricio.
Me comprenden.
Corro a reunirme con una manada de caballos
y les digo:
«Yo soy la desposada del viento,
llevadme en vuestra grupa hasta mi amado».

Es imposible. El mundo pertenece ahora a los injustos.

Las montañas quedan llorando,
los caballos quedan llorando,
y yo con ellos, amazona de mi tristeza.

Intentamos cruzar la frontera española
por segunda vez.
Imposible.
No tengo ninguna noticia de Max.
Acude a la pensión un cura misterioso.
Trae un trozo de papel sucio,
algo relacionado con mi padre y sus contactos.
Intentamos cruzar la frontera española
por tercera vez,
y lo conseguimos
gracias a aquel trozo de papel sucio del cura.

Logro hablar por teléfono con mi madre.
Me pregunta qué haré en España,
me suplica que vuelva a Inglaterra.

—Nunca he tomado una decisión en mi vida,
solo he escuchado los mandatos de mi sangre.

Eso le dije a mi madre y eso pensaba mientras el coche entraba en España.

«¿Dónde estás, Max?».

(Pausa breve)

«¿Puedes cerrar los ojos y verme?».

Silencio.

«¿Puedes cerrar los ojos y verme?».

el ángel caído

LEONORA.–
    Estoy aquí.
    Piso
    ES-PA-ÑA.
    Yo te había imaginado
    como una enorme vaca azul
    con el lomo lleno de estrellas,
    una enorme vaca azul
    hermana de la luna,
    vaca nigromante
    que me guiaría a mi destino
    por los pastos soleados.
    Pero, ay, España,
    ¿qué eres?
    Vaca vaquita en los huesos,
    vaca gris polvo de muertos,
    vaca en pastos de ceniza,
    y montes y montes
    y montes de tierra roja
    de toda la sangre seca
    de la Guerra Civil.
    ¿Qué hago en ti, España?
    No puedo respirar.

Me asfixian tus muertos.
Siento su presencia
en este paisaje maltratado.

Fantasmas de España,
¿qué queréis decirme?

Mis amigos no os ven.
Se preocupan por mi salud.
Me hablan como si fuera una niña aturdida.
Me preguntan por qué hablo sola.

¡Qué ciegos
los ojos que no ven a los muertos!

Llegamos por fin a Madrid.
Es julio de 1940.

Aquí una música que remite a la copla Ojos verdes,
pero con la misma relación de la lluvia y los charcos: misma
materia, distinta forma.

Me invade una extraña euforia
cuando salgo del hotel.
Camino por las calles de la ciudad
y siento que mi cuerpo
baila una danza transparente.
Mis ojos se convierten en sistemas solares
que desprenden luz.
Enhebro hilos de albor en las pupilas.
En los cafetines, en las verbenas,
los vivos y los muertos
cantan «Ojos verdes»

en honor de García Lorca.
«Un poeta maricón al que mataron», me dice alguien
cuando pregunto quién es ese FE-DE-RI-CO.
Lo veo en una fotografía.
Me la muestra un muchacho con temor.
Beso el retrato del muerto, que sonríe con su pajarita.
Federico, el más hermoso de los fantasmas de España.

(Pausa)

No te olvido, Max.
Busco el sello para tu visado.
Me lo niegan en todas partes.
Porque España es «una potencia neutral».
Eso dicen para no decir
que están del lado de los nazis.

La euforia de los primeros días desaparece.

De noche las viudas miran por las desoladas ventanas.
De día los verdugos tiran monedas a los limpiabotas.

Camino por Madrid como una suplicante.

Los tranvías están enfermos.
Los escaparates están enfermos.
Los paseantes están enfermos.
El cielo está enfermo.
Siento la enfermedad de Madrid en mi estómago.

Entro en un café.
Veo a un grupo de hombres,
parecen soldados de otro siglo,

juegan a las cartas.
Uno me dice: «Somos requetés;
siéntate, siéntate, siéntate».
No quiero.
En los naipes hay una hiena.
En los naipes hay calaveras.
No me da tiempo a marcharme. Se levantan.
Me meten a empujones en un coche.
Grito «ayuda», «socorro», «piedad».
Los vivos miran a otro lado.
Los muertos gritan conmigo:
«ayuda», «socorro», «piedad».
Nadie hace nada.

Ya dentro del coche, me pegan un golpe.
Me ponen un trapo húmedo en la cara.
Pierdo el sentido.

Cuando despierto, estoy en una casa
con balcones y barandillas de hierro.
Me llevan a una habitación
decorada con jarrones chinos
de porcelana
y animales disecados.
Mis ojos aterrados
se cruzan con los ojos de cristal
de una liebre niña.
Me arrojan a una cama,
me arrancan las ropas,
me violan
uno después de otro;
lloro,
pataleo,

muerdo,
grito grito grito;
ellos parecen excitarse más
con mis súplicas;
uno después de otro
me violan
hasta que se cansan.
Me piden que me vista.
El vestido tiembla en mis manos.
Me gritan para que me dé prisa.
Uno abre mi bolso,
lo vacía y se lleva lo que cree de valor.
Otro se acerca
y me echa por la cabeza
un frasco entero de colonia.
Me dice:
«Al final te ha gustado, zorra inglesa».

Me llevan al parque del Retiro y me abandonan allí.

Deambulo con el vestido desgarrado,
el pecho me arde de miseria,
una charca de ranas, trato de abrir la boca,
trato de empujar las palabras afuera,
grito «ayuda», «piedad», sien abierta del ángel,
«¡aquí, aquí, socorro!», mi cuerpo, ¿no hay nadie?,
qué dedal oxidado en las entrañas, las víboras,
las víboras, estanque y madrugada,
y esta rosa injusta, ¿por qué duerme?
Asoman moratones, una polilla tiembla
en la farola sorda, adentro, adentro,
quemadura, ¿qué te han hecho, Leonora?
Estómago y punzada y este olor, Dios mío,

alarido, «socorro», Max, ¿dónde estás?,
este olor de dentro, ¿quién me lo quita?
Veo una estatua con más corazón
que todos los hombres de ese país.
Me acerco.
Es un ángel tan aterrado como yo
que cae y cae y cae del cielo.
Me abandono en el regazo del ángel caído.
Me quedo dormida.

Al amanecer me encuentra un policía.
«¿Qué demonios hace sola por aquí?».
Le cuento lo que me ha pasado
con las pocas palabras que sé en su idioma.
Se pone furioso. Me insulta.
«Para que no digas que los españoles no somos caballeros».
Me lleva hasta el hotel.

Me paso el resto del día bajo la ducha.
Quiero quitarme del cuerpo el olor de esos hombres.
Me pongo un camisón. Duele. Me pongo otro.
Seda verde pálido rosa herida herida herida.
Me miro la cara en el espejo:
ESTA ES LA IMAGEN EXACTA DEL MUNDO.

Mi padre se ha enterado de lo que me ha ocurrido.
No intenta hablar conmigo.
Sé que siente vergüenza.
Alguien le escribe:
LEONORA ESTÁ FUERA DE SÍ.
Fin del telegrama.

«¿Cómo quieres que esté, papá?».

Envía a sus esbirros.
Me vigilan.
Me impiden salir de la habitación del hotel.

«¿No hay noticia de mi madre?».

Me administran bromuro
a litros.
«Ojos verdes verdes».
Me suplican que no esté desnuda,
«ojos verdes verdes»,
cuando los empleados del hotel
suben a traerme la comida.

«¿No hay ninguna noticia de mi madre?».

Un mozo de hotel, Alberto,
me trae agua fresca,
me acaricia el pelo,
me sonríe,
me hace el amor.

Luego descubro
que también es un enviado
de mi padre,
uno de sus empleados,
y le echo a patadas.

Me dicen que debo abandonar el hotel.
Subo corriendo a la azotea. Lloro.
La ciudad está encadenada a mis pies.

«¿Cómo puedo liberarte, Madrid,
cómo voy a curarte de ti misma?».

A los tres días regresa Alberto.
Me dice que va a llevarme a una playa de San Sebastián,
que el mar me hará bien,
que el aire limpio me hará bien.
Subimos al coche.
Imagino el mar del norte de España.
Azul gris y curva templada.
Pienso que estaré más cerca de Max.
Pienso que quizá allí alguien
me pueda sellar su pasaporte.
Alberto sonríe a mi lado y me acaricia la nuca.
Cierro los ojos por el cansancio.
Siento un pinchazo
en la espina dorsal.
¿Qué es esto? Luminal,
anestesia sistémica.
¿Qué es esto?
Y me quedo dormida.

un animal salvaje

LEONORA.–
Abro los ojos. «¿Dónde estoy?».
Abro los ojos. «¿Es esta la luz de la muerte?».
Abro los ojos. «¿Es esto mi ataúd?».

Abro los ojos en una habitación minúscula.
Apenas nada. Un armario de pino barnizado.
Un orinal. Una silla.
¿Es el purgatorio?
¿Se estrelló el coche
que me llevaba al mar del norte?
«¿Dónde estoy?», digo,
pero las palabras no salen de mi boca.

Silencio.

Intento moverme. Todo me duele.
Tengo las manos y los pies atados con correas de cuero.
¿Es un hospital o un campo de concentración?
Figuras. Bocas que se mueven despacio.
Me dicen que estoy en un «sanatorio».
Esa palabra en español me da terror:
sa-na-to-rio.

(Pausa breve)

¿Por qué me has hecho esto, papá?

Silencio.

¿Cuántos días llevo aquí?
Siguen sin salir las palabras de mi boca.
Trago saliva. Empujo las palabras desde mi corazón,
garganta arriba.
«¿Cuánto tiempo llevo aquí?»,
le pregunto a la enfermera en inglés.
«¿Vais a torturarme?».
«¿Vais a matarme?».

La enfermera tiene un acento americano detestable.
Me dice que Alberto ha regresado a Madrid.
—¿Es que estamos muy lejos de Madrid?
—Muy lejos.
—¿Y de *Estremadura*?
—¿Qué es *Estremadura*?
—Allí me espera Max.
—No existe ningún Max. Estás ingresada aquí por
recomendación de tu padre.

Luego supe que el sanatorio se llamaba Peña Castillo
y que estaba en una tierra llamada Santander,
en el norte de España.

Le pido a la enfermera que me desate.
—¿Va a ser buena? —me pregunta.

—No quiero otra cosa que ser buena con el mundo entero,
pero estoy aquí, atada como un animal salvaje.

Me desata despés de las súplicas.
Me visto. No me quita los ojos
de encima.
Me deja salir al pasillo.
Hay dos mil puertas de cristal opaco.
Todas las ventanas tienen barrotes de hierro.
Como un murciélago,
me cuelgo.
Les suplico a los hierros que me dejen salir,
que me devuelvan la libertad,
beso los barrotes, me ofrecen
una suave carcajada,
profetizan
el fin de todos los consuelos.
Alguien me empuja de vuelta
a la habitación.
La enfermera me dice por fin su nombre.
—Asegurado.
¿Qué nombre ridículo es ese?
Pienso, pero no lo digo.
Me cuenta que el pabellón
se llama Covadonga, «como la Virgen»,
pero que hay otros pabellones en el sanatorio
y que el señor de todos ellos
es el doctor Luis Morales.
—Llámele, dígale que me saquen de aquí.
La enfermera niega con la cabeza.

A los pocos días
logro convencerla para que me permita salir al jardín.

El aire limpio me abre los pulmones
como una caricia.
Todos los pájaros del mundo
salen a mi paso.

Hay pinos altísimos. Hay un huerto de manzanos
cargados de fruta. Comprendo que ya estamos en otoño.
Entonces descubro entre los árboles a Luis Morales, el doctor.
Él me sacará de aquí. Él entenderá que todo ha sido un error.
Un castigo inmerecido de mi padre.
Corro hacia el doctor. Cuando estoy cerca, mis ojos ven sus ojos.
Aterradores. Está poseído por el demonio del fascismo.
Le araño la cara. Lo empujo.
Intento escapar, pero los celadores se abalanzan sobre mí.
Me arrojan al suelo. Se sientan sobre mi cabeza.
Mi cabeza en la tierra y hormigas, hormigas, hormigas.
Me asfixian con los dedos.
Me clavan una jeringuilla en el muslo.
Me arrancan la ropa. Me atan de nuevo con correas a la cama.
—¿Por qué me tenéis prisionera? ¿Por qué me tratáis como a
una criminal?
No responden.

(Pausa breve)

No sé cuánto tiempo permanecí atada y desnuda.
Días y noches sobre mis propios excrementos,
ahogada en sudor, torturada por los mosquitos.
Los mosquitos eran todos los españoles derrotados
que me echaban en cara mi sumisión y mi piel blanca.
Las picaduras me dejaron un cuerpo horrible.
En la carne, estigmas y amapolas.

Frau Asegurado no deja de vigilarme.
Me trae la comida: verdura y huevos crudos
que me mete en la boca
con una cuchara.

Lo que sigue sucede en la oscuridad o a la luz del sueño.

¿Estoy dormida o despierta?
Porque el techo de la habitación es una bóveda celeste.
Y la cama es inmensa y tiene cortinajes
y cupidos pintados y cupidos reales
y ángeles translúcidos.
Yo empujo mis manos por la oscuridad y nacen plantas,
plantas que crecen por los pasillos y los techos,
y llegan a los barrotes y los empujan
hasta reventarlos y siguen creciendo,
y suben por los alambres de espino
y los destruyen, y ya no estoy aquí,
estoy en la orilla de un río con Max,
me sonríe, me sonríe,
bajo la luna llena y oscilante,
que se refleja en el río
como un pez pájaro,
como el esplendor olvidado de Dios,
y nos metemos en el agua Max y yo,
y me abraza y lo abrazo,
y me siento en paz con esta migaja
de placer que me entrega la vida,
y de repente:

Una luz en la oscuridad. ¿Una linterna?

El doctor Morales ha entrado en la habitación.

Le sujeto la cara con las manos.

Veo que el demonio de sus pupilas es más pequeñito.

Me acaricia y me dice:

—Es usted un caso complicado. Hágame el médico más grande del mundo.

Respondo:

—Yo no estoy enferma. Estoy rota y necesito salir de aquí para unir mis pedazos.

Él susurra mi nombre, «Leonora», y me pone una mano en el muslo. Me regala la sonrisa de las alimañas:

—Leonora, Leonorita, le he prometido a su padre que voy a sanar las pústulas, las llagas que el arte degenerado ha dejado en su mente. Y así será. Mi trabajo contigo es parecido al de Jesús con los leprosos. Cuando salga de aquí, será una mujer como Dios manda. Tendrá la mente en paz, como una sábana blanca limpia y recién planchada. Confíe en mí. La severidad y la disciplina son los dones que le ofrezco. Voy a rescatar su alma hundida en la oscuridad con una cuerda de luz pura. Confíe en mí. Hágamelo fácil. Conviértame en el médico más famoso del mundo. Si obedece, pronto podrá regresar a su país. Confíe en mí. Sanará. Encontrará un marido decente. Confíe en mí. Dios está de mi lado e ilumina mi ejercicio. Confíe en mí. Soy el cruzado que va a liberar su mente. Míreme, Leonora.

Entonces me da un beso en la boca, se levanta y se va.

el vals de los ángeles heridos

LEONORA.–

Pasan los días y voy conociendo a los otros habitantes del SA-NA-TO-RIO.

Compañeros de la herida, a todos os recuerdo,
observándome detrás de las puertas de cristal.
A todos os recuerdo:
vergüenza de vuestras ricas familias,
como yo;
capitanes trastornados
con las pupilas negras de pólvora;
maricas con el lunar en la mejilla,
solteras de cien años cubiertas de maquillaje
con el traje de novia y mortaja de difunta.
A todos os recuerdo,
mis semejantes, mis hermanos.
Bailemos este vals.
Aquí estás,
don Antonio, príncipe de Mónaco y de la Atlántida,
con tu caja de cerillas
donde guardas caquitas y suspiros
de los gorrioncillos huérfanos.
Aquí estás, da un paso más,

Marqués de Silva, compañero de pupitre de un rey decapitado,
amigo de los falangistas con las narices rotas de cocaína,
entra y baila este vals.

Entra tú, Catalinita, doncella de la niebla,
encerrada aquí para siempre
porque mataste a tu marido
para que él no te matara.
Dame la mano, Catalinita,
dame la mano y baila conmigo.

Os prometo que os sacaré de aquí.
Un, dos, tres.
Os prometo que os llevaré lejos.
Un, dos, tres.
Envuelta en una sábana,
os guiaré;
con mi lápiz furioso, con las noches que giran al revés,
con los jinetes de la escarlatina,
con los animalitos que lloran en las sombras,
y la giganta que cuida del huevo,
os conduciré;
con la diosa blanca
y las sirenas de la témpera,
con la abadesa Rosalinda
y con las abejas reinas,
os sacaré de aquí.
Un, dos, tres.
Y veinte y treinta y cien.
Os lo prometo.
No me creéis porque
el mundo está ahora congelado,
no me creéis porque nos han llenado de venenos

y de cuerdas y de insultos,
pero yo derrotaré al doctor Morales
y pondré de nuevo el mundo en movimiento.

Mis alas son más poderosas que su ciencia.

La música se desvanece de golpe.

Vuelven a pincharme. ¿Ahora qué?
El dolor en la pierna es horroroso.
Así quieres vencerme, Luis, con los venenos.
Quieres hinchar tu dominio dentro de mí
como un gigantesco neumático de automóvil.

Frau Asegurado me habla de otro pabellón:
—Más lujoso y grande. Mejor que Covadonga, mejor que otro
que llaman Amachu. Mucho mejor. Es un lugar precioso. Se llama
Abajo y la gente vive muy feliz en él.

Le pregunto a *Frau* Asegurado por qué no puedo ir yo a Abajo
y me dice que todavía no estoy lo bastante bien,
que si me comporto
podré ir a Abajo, pero que tengo que ser una «buena chica».

—Yo solo deseo ser buena, pero me tenéis aquí atada como
un animal.

09

cardiazol y limones

LEONORA.–

Llevo horas contando esto y me resulta doloroso, pero necesito pintar la vida para soportarla. Volvamos a la escena del principio. Estoy en el puerto de Lisboa, veo viudas de la guerra con sus hijos, veo hijos sin madres, veo a los derrotados que huyen de las cárceles y de los campos; veo el soborno, la desesperación, el chantaje; escucho español, portugués, francés, inglés, griego...; descubro a soldados de paisano, a estraperlistas, tahúres, marchantes de arte, a policías de incógnito, piezas mezcladas de un ajedrez tristísimo. Yo quiero entregaros mi historia antes de subir al barco. Quiero llegar a México con los días más extraños de mi vida convertidos en historia, quiero hacer de los días encerrada en el sanatorio pigmento, materia, asunto de mi obra. Cuando suba al barco diré a las olas: «He sobrevivido a tantos naufragios que ahora el mar me pertenece». Debo, sí, continuar con mi historia. Me provoca dolor nombrar lo que sigue, pero necesito sacarlo, soltarlo aquí, al borde del mar. Esta pincelada es un desgarro. Acuchillo el lienzo con lo que sigue. Volvamos al sanatorio.

A la caída de la noche reaparece don Luis.
Le hablo de lo que imagino. Dice que son «delirios esquizoides» y me acaricia la cabeza.

De repente saca un maletín de piel negra.
Entran los celadores y *Frau* Asegurado.
Les grito que se vayan,
que estoy mejor, que pronto iré a Abajo,
pero que hace falta un penúltimo sacrificio.
Cada uno agarra una parte de mi cuerpo.
Luis empuja la aguja de la jeringuilla
dos centímetros adentro de mi carne.
Quiero decir algo, pero la tos no me deja.
Empiezan las convulsiones.
Los ojos de todos me arrancan el cerebro.
Me voy hundiendo en un pozo.
Más hondo.
   Más hondo.
        Más hondo.
El fondo del pozo
es la destrucción de mi mente
para toda la eternidad.
Más convulsiones.
Grito: «¡No quiero esa fuerza impura!».
Me hundo en el pánico.
Ellos gritan más cuando les pregunto si son judíos o si son nazis.
Mi piel se va poniendo verde verde verde.
Max, si muero en este manicomio,
lo haré con tu recuerdo en el corazón.

Mi cuerpo se comba por las convulsiones.
Creo que voy a partirme.
Creo que voy a partirme.
Creo que voy a partirme.

Oscuridad.

Oscuridad.

Algo de luz.

Cuando vuelvo en mí,
estoy desnuda en el suelo.
Suplico que me levanten.
Me arrojan a la cama.
Me muero de hambre.
Pido que me traigan limones
y me los como hasta con la piel.

Entonces comprendo:
don Luis es más poderoso que yo.
Si quiero sobrevivir,
tengo que rendirme, claudicar, admitir mi derrota.

Sea.

Cuando regresa el doctor,
me muestro obediente como un buey.
Luis me dice al oído:
—Así que se siente mejor, *mademoiselle*. Ya no veo a una tigre-
sa, veo a una dama. El cardiazol hace su efecto. Le dije que confiara
en mí.

Quiero vomitar, pero le doy las gracias y finjo sumisión. Per-
mito que se lleven mis cuadernos, mis lápices, mis pinturas.

Adentro de mí soy aún Leonora.
Si no tengo lienzo, yo seré el lienzo.

Si no tengo pintura, mi sangre será pintura.

Una luz cegadora lo inunda todo.

detrás de los párpados vigilo
mi exilio del mundo

LEONORA.–
A la terrible caída que me provocó el cardiazol
siguieron varios días de silencio.
Tengo que portarme bien.
Tengo que llegar a Abajo.

Mi tarea ahora es obedecer.
Mi tarea es cumplir esta rutina:
me bebo la leche sentada en la cama,
me como las galletas medio recostada,
me trago la fruta; como pequeños obuses
los pedazos impactan en mi estómago.
Siento compasión por los faquires.
Voy al baño para vomitarlo todo a escondidas
y vuelvo a la cama.

¿Cuántos días fueron? ¿Cuántas noches fueron?

Creen que me estoy portando mejor.
Frau Asegurado me lleva al solario.

Aquí estoy:
sola y desnuda con mi sábana y el sol.
La sábana unida a mi cuerpo en una danza.
Desde este rincón de la tierra
puedo manejar el firmamento.
Pronto iré a Abajo gracias a estas torturas purificadoras.

Espero y espero.
Me devuelven las pertenencias que me confiscaron
«porque progresas como se espera».
Aquí están mis objetos.
A escondidas los agrupo.
Se ayudan los unos a los otros,
vagan en el curso celeste,
conforman una armonía misteriosa.
Lo hago en secreto.
Mi sanación necesita la espesura.

Y entras tú, doctor Luis Morales, en mi habitación.
Me preguntas con desprecio qué hago.

—Mira el prodigio que sale de mis manos.
Mira la constelación de la materia.
Soy Leonora Carrington, una giganta,
y tú eres la cadena en mi tobillo.

Me arrepiento de esas palabras
antes de que se apaguen en el aire.

Llamas a los celadores.
Sé lo que viene.

¡Segunda inyección de cardiazol!

En un minuto organizo mi defensa.
Cierro los ojos.
Así evito la mirada de los demás,
el más insoportable de los sufrimientos.

Detrás de los párpados
vigilo mi exilio del resto del mundo.
De nuevo convulsiones.
Mi cuerpo queda derrotado
en algo que ni es la vida ni es la muerte.

Se van todos.

De noche, Luis, regresas a mi habitación.

Me dices que te duele,
que todo lo haces por la salvación de mi alma,
que he reaccionado bien a las inyecciones,
que si sigo por ese camino, mereceré un premio.
Si te obedezco, si dejo los dibujos,
los objetos, mi imaginación, todo lo que sueño,
podré ir a ese pabellón al que llaman:
ABAJO.

—¿Ya estoy más cerca
de la salida, doctor?

He estado en Covadonga, mi Egipto.
Ahora marcho a Abajo, ¿será mi Jerusalén?
Todo esto último lo pienso, pero no lo digo.

Cuántas mujeres sobreviven masticando silencio.

Me ves avanzar por el pasillo
camino de Abajo.
Me sonríes.
Te devuelvo la sonrisa
como la de la oveja ante el matarife.
Sonrío, sí.
¿Qué me espera «Abajo»?

la Ofelia de mil ríos

Leonora.—
    El día ha llegado.
    El doctor me conduce hasta el pabellón
    que llaman Abajo.
    La enfermera no mentía. No del todo.
    Tiene algo más de luz. Algo más de espacio.

    Allí me tienen preparada una sorpresa.
    Nanny, la niñera irlandesa que estuvo conmigo
    hasta que cumplí los veinte años.
    ¿De verdad, papá, la has metido en un barco de guerra
    para que pueda llegar a España?
    —¿Cuántos días tuviste que pasar en ese camarote angosto?
    —Quince días en un submarino, me dice,
    y se limpia las lagrimitas con un pañuelo bordado;
    cuando lo va a guardar,
    alguien grita en el pabellón:
    LA VIDA ME ESTÁ MATANDO.
    Nanny se asusta, grita, intenta recomponerse.
    Dobla una y otra vez el pañuelo.
    Se levanta. Quiere acercarse a mí.
    La falda de encaje se mueve como un faisán
    sobre sus pasos aterrados.

—Mi niña, mi niña, ¿qué te ha pasado? Mi pequeña, ¿qué te
han hecho?

—¿Y tú me lo preguntas, tú, que le dijiste a mis padres que
tenía el demonio adentro?

No dejo que me toque,
no dejo que me abrace.

—No te necesito. Ya tengo a *Frau* Asegurado. Regresa y dile
esto a mi padre:
«Leonora es la más feliz de las huérfanas».

Ella lloriquea con mohines incandescentes,
se disuelve como un azucarillo
en el regazo de los doctores
mientras se disculpa: «Sus padres hicieron todo lo posible...».

Subo a la habitación.
Examino las ventanas, los muebles, las esquinas
para comprobar que no hay micrófonos en la nueva celda.

Entra una libélula, ¿por dónde?
Se posa en mi mano. Sus patas se agarran a la piel.
Le tiemblan las alas,
se sujeta a mí como si no quisiera separarse.
Y cae muerta en las baldosas del suelo. Ya no puedo dormir.

A medianoche regresa Luis, el doctor. No dice nada.
Su presencia en mi habitación me hace desearlo,
como se desea la muerte cuando se sufre demasiado.
Se sienta a mi lado. Me introduce los dedos en la boca.
Esto me provoca horror y placer. Una arcada.

El doctor toma mi cuaderno.
Lee en voz alta lo que allí he escrito.

Lancashire.
Florencia.
Londres.
París.
Saint-Martin-d'Ardèche,
Andorra.
Una «M» en el centro
para representar Madrid.
M de Madrid. M de Max.
M de Muerte. M de Mujer.

—¿Qué es todo esto?
—Las estaciones de mi viaje, pero lo escribí hace mucho tiempo. Ya no pienso así. Es usted el mejor doctor. Ha conseguido salvar mi alma. Le juro que ya no imagino. La realidad es suficiente.

Se ríe y escribe en la última página de mi cuaderno:
«O corte o cortijo».

—No entiendo, ¿qué quiere decirme, doctor?
—O perteneces a la corte o al corral; o eres la gallina o el cuchillo. ¿Todavía no lo entiendes? Estás más cerca de la sanación, Leonora, pero aún no quieres humillarte. Bésame la mano como besó aquella pecadora la del santo.

«No digas nada, Leonora, no digas nada», pienso, pero mi boca se abre y:

—¡No admito el poder de ninguno de ustedes sobre mí! ¡Quiero ser libre para obrar y pensar; odio y rechazo sus fuerzas hipnóticas!

¿Por qué no te has callado, Leonora? Ya es tarde. Comprendo con horror que va a administrarme una tercera dosis de cardiazol.

—No lo haga, por favor. Le juro que obedeceré. No sé por qué le he dicho eso.

No sirve de nada. Me pincha.

Y entonces

me precipito por el vacío
caigo
    caigo
      caigo
hasta un lienzo blanquísimo

tengo que salir de aquí

en el fondo blanco blanco blanco
me parece escuchar la voz de mis ancestras:

«Es ahora, Leonora, o nunca;
Junta tus pedazos».

La rota. La bruja. La perdida. La musa de sí misma. La diosa
blanca, Iris, hermana de la luna, la sin vida. La ultrajada, la gitana,
la acróbata; la loca con el miriñaque de algas sollozando en los pa-
lacios oscuros; la doncella del internado, el postre con dos tetitas;

la puta, la escupida, la expulsada; la amante del alemán, la zorra antifascista, la vendimiadora, la escaladora, la tejedora, la Reina de las Nieves, hermana, hija, sola, la bruja de los tejados, moradora de las nubes; Casandra en el parque del Retiro, mujer-pájaro, mujer-Minotauro, la llamarada, María Magdalena, guardiana del Santo Grial; la Ofelia de mil ríos, yo, Leonora, Leonora, Leonora.

«Pinta todas las Leonoras que hay en Leonora
para lograr salir.
Arroja fuera tus personalidades,
inicia la liberación.
Préndete fuego en la pintura
aunque sobrevuelen todas las aves del patíbulo.
¡Más pintura, más pintura,
aquí y allí y también aquí y también
justo en el borde!

Empuja todas las imágenes,
haz aparecer lo que sin ti no existiría

y sube.

Asciende. Asciende. Asciende».

Os lo dije, os lo dije:

Mi autorretrato es siempre colectivo.

«Ya estás casi fuera, Leonora».

Desde ahora puedo ser cualquier cosa:
caldo de pollo, tijeras, un cocodrilo, un cadáver
o una pinta de cerveza.
Desde ahora todo lo que me puebla
será mi obra.
Desde ahora me destruiré y construiré
a cada pincelada.

Aquella noche en el Retiro,
cuando me violaron cerca del ángel caído,
se rompió la comunicación
entre mi mente y el mundo.

He descendido
y desde lo más hondo
de mi espíritu
me he impulsado
hacia el futuro.

REVELACIÓN.

Para los que me miran desde afuera,
mi cuerpo está detenido, en coma.
¿Cuántos días pasaron? ¿Cuántas noches pasaron?
Abro los ojos. Algo de la luz descansa en mis pupilas.

Sentada en el borde de la cama,
Nanny repite una y otra vez:
«¿Qué le han hecho, señorita?, ¿qué le han hecho, señorita?».
Llora con su mano izquierda en mi mano derecha. Cree que
estoy desahuciada.

Su dolor no me conmueve. Su dolor es el de mi padre,
que sigue tirando de mí,
su dolor es la voluntad de succión de ese hombre.
Abro los ojos. Abro la boca.
Oigo el ruido de mis labios al separarse
después de tantos días.
Nanny se persigna, da gracias
a Dios, me besa en la frente, me besa en las mejillas.
Pido que me abra la ventana
para que puedan visitarme los cuervos y los ángeles.
Le suplico que se vaya.
No quiere.
Le pido que se acerque.
—Nanny, dile a mi padre que estoy mucho mejor, que le agradezco todo lo que ha hecho por mí, que me va a faltar vida para olvidarlo. Ven, acércate. De pequeña tuve el corazón de una loba, pero ahora estoy en paz. El doctor Morales ha limpiado las telarañas de mi cabeza. Regresa y dile a mis padres que pronto estaré con ellos.

No sé si me cree, pero se va.

Por fin el silencio.

Mis ojos se encuentran con la maleta sobre el armario:
LEONORA – REVELACIÓN.

He juntado todos mis pedazos.
Quiero salir de aquí.

Dejo que el misterio cumpla su cometido.

de nuevo el ángel

LEONORA.–
  Despierto al día siguiente.
  Al lado de mi cama hay un hombre. Es la primera vez que lo veo.
  Va cubierto con un macferlán,
  parece que se lo hubiera robado a un muerto.
  Es bajo, tiene la cara blanquísima y los ojos verdes.
  Su presencia no me inquieta, no me desagrada.
  Me habla con amabilidad.
  Me dice que ya llevo demasiado tiempo aquí.
  No quiere decirme quién es, «un familiar lejano»,
  pero entiendo que
  es un ángel que envía mi madre.
  Entonces recuerdo la estatua del parque del Retiro,
  la del ángel caído,
  y comprendo que este hombre gris que me da la mano
  y el ángel que me resguardó aquella noche
  son la misma presencia,
  enviada de nuevo
  por mi madre
  y por nuestras ancestras
  para salvarme.
  Al hombre de la cara blanca gris azul
  le hablo de mi hermandad con los animales.

Le hablo de la libélula, de los osos, de los caballos.
Se queda callado unos segundos. Responde
que esa facultad es normal en las personas sensibles como yo.
No hay ironía. Me cree. Y porque me cree, me ve.
«La verdad es lo extraño, lo maravilloso», le digo, y él asiente.
Por fin alguien me trata con bondad. Me levanto de la cama. Me tambaleo. Me abraza. Dice mi nombre separando las sílabas a su antojo. LE-O-NO-RA. Me echo a llorar. Todos los nudos de mi alma terminan de deshacerse. El ángel gris no me suelta. Pregunta: «¿Sabes lo que te han hecho aquí? ¿Puedes comprenderlo?». Comprendo que el cardiazol es una terrible inyección y no hipnotismo, comprendo que don Luis no es un brujo sino un sinvergüenza desalmado, comprendo que Covadonga no es Egipto ni Abajo es Jerusalén, que son dos pabellones para los que llaman «dementes». Comprendo los golpes, las burlas, el encierro, las náuseas, las convulsiones, el abuso, el terror, la soledad. Comprendo que esta es la medicina de los nazis. Comprendo qué dicen cuando dicen «histeria» y «delirios esquizoides». Comprendo que he comido el pan sagrado de los locos. Sí, comprendo. Comprendo cuánto tiempo permaneció en mi cuerpo el olor de las bestias que me violaron. Comprendo que los álamos y los hambrientos de Dios son mi única familia. Comprendo que Max es ahora un fantasma azulado. Comprendo que he juntado mis pedazos, las reliquias de mí misma. Comprendo que he muerto y que he resucitado. Sí, claro que comprendo.

El ángel habla con don Luis
y desliza un sobre en el bolsillo de su bata.
El doctor se marcha sin despedirse de mí.
Como el cazador que entrega
su presa al señor y se retira.

Ha pasado un año desde que entré por esas puertas.
Camino por el pasillo y me despido de los otros internos.

Adiós, compañeros, adiós,
no lloréis, os juro que regresaré y os rescataré;
subida en la barca del cocodrilo incansable,
con una capa blanca, con las garzas púrpuras,
volveré sosteniendo el huevo del porvenir entre las manos,
con la cabellera de oro de las mujeres druidas,
volveré y os sacaré de aquí, yo, Leonora, os lo juro.

Todo esto lo pienso, pero no lo digo.
Mi salvación necesita del silencio.

Cuando abandono el lugar, lloro.
Ellos, mis semejantes, mis hermanas,
compañeros de la herida,
también lloran.

fado de los antiguos amantes

LEONORA.–
¿Cómo llegué hasta este puerto de Lisboa
desde el sanatorio del norte?

Salí de Santander acompañada de *Frau* Asegurado
y aquel ángel enviado por mi madre.
Era Nochevieja, lo recuerdo muy bien.
Hacía un frío intenso y paramos en Ávila.
Pronuncié ese nombre y el vaho de mi aliento
lo dibujó en el cristal de la ventanilla:
Á-VI-LA.
Nos cruzamos con un tren con muchos vagones
cargados de ovejas que balaban de frío.
Era espantoso.
Recordaré a aquellas ovejas sufriendo
hasta el día que me muera.
Era como el infierno.
¿Cómo borrar ese pecado del mundo?

Llegamos a Madrid. Sonrío al ángel gris azul en un café.
Me devuelve una sonrisa mecánica
y helada como un bisturí. ¿Por qué?

En un descuido de *Frau* Asegurado, me dice:

—Estoy al servicio de tu padre. Ha decidido enviarte a otro sanatorio, pero en Sudáfrica. Lejos de todo y de todos, dejarás de ser una molestia. Cree que eres «irrecuperable». En unos días te llevarán a Estoril y desde allí partirás en barco. Te dirán que vuelves a casa, pero es mentira. Van a internarte en un manicomio de Sudáfrica.

—¿Por qué me lo cuentas? —le pregunto.

—Gano dinero con el dolor de los demás. Esta es una buena época para infames como yo. Así que considera esta traición a tu padre como una debilidad de mi alma. Trata de escapar, Leonora.

Y desaparece. Me quedo sola con *Frau* Asegurado en Madrid. Finjo sumisión para que me permita pequeños momentos de soledad, breves conversaciones con otros extranjeros de paso por la ciudad.

En el comedor del hotel coincido con el mexicano Renato Leduc. Nos habíamos conocido hace años en París, en aquellos días felices junto a Max. Creo que nos presentó Picasso o Artaud o Éluard, no lo recuerdo, mi vida en París me parece ahora una nube púrpura y deshilachada, pero él está aquí. ¿Cómo va a ser casualidad? ¿Cómo puede estar en el mismo comedor que yo, aquí en Madrid? Él es otro ángel que aparece para rescatarme. Logro tomar un café con él aunque *Frau* Asegurado nos vigila muy de cerca. Le cuento todo lo que me ha pasado en Santander. Renato llora. Le digo que mi padre quiere internarme en otro hospital psiquiátrico, pero esta vez en Sudáfrica. Este hombre revolucionario, malhablado y atronador no puede dejar de llorar con mi historia. Me susurra al oído para que no lo oiga *Frau* Asegurado: «Te esperaré en Lisboa y te pondré a salvo. Escapa. Escapa. Escapa. Iremos a mi país, a México. Allí no podrán alcanzarte».

Yo tenía tanto miedo de mi familia como de los alemanes. ¿Y si me encerraban por siempre en Sudáfrica?

Así que confío en la palabra del tercer ángel.

Frau Asegurado sospecha de nuestra conversación y manda llamar a dos esbirros de mi padre. Me acompañan con ella hasta Estoril. Finjo ser sumisa. Finjo querer ingresar en el sanatorio de Sudáfrica. Finjo querer reencontrarme con mi padre cuando sane. Se lo digo a los esbirros con la dulzura de una oveja mansa. Les digo que necesito mear. Se ruborizan. Entro en el baño de un café y escapo escapo escapo por la ventana. Tardo algunos días en llegar a Lisboa, pero lo consigo. En un bolsillo guardo el papel que me escribió Renato con la dirección de la embajada de México. Corro hasta allí por el laberinto de calles de Lisboa. Las calles son un dédalo de cal y añil. ¿Por dónde es? Una bandada de pájaros cruza el cielo y me indica la dirección. Alcanzo la embajada. Digo «Renato Leduc» como un santo y seña y me dejan dormir allí. A los pocos días aparece Renato. Me abraza. «Vamos a casarnos. Sé que es extraño para los dos, pero es el único modo de sacarte de aquí. ¿Te importa casarte conmigo?». Yo era capaz de cualquier cosa para que no me enviaran a Sudáfrica, para no doblegarme a los designios de mi familia. Y Renato era atractivo, tenía el cabello muy largo y la cara morena, como la de un indio.

Nunca he tomado una decisión en mi vida,
solo he escuchado los mandatos de mi sangre.

Quiero comprar flores para la boda
en un mercado de la ciudad.
Los portugueses gritan con dulzura.
Por primera vez en años
la vida se parece a la vida.

Doy la vuelta y /
No puede ser. Eres un fantasma.
No puede ser. ¿De verdad eres tú?
¿Acaso eres otro delirio?
Sonríes, Max. Me sonríes
y me abrazas.
«Lo raro es más cierto, Leonora.
Tú y yo teníamos que volver a vernos».

Me cuentas que regresaste
a nuestro paraíso, a Saint-Martin-d'Ardèche,
cuando esa mujer —¿qué nombre es Peggy,
qué nombre ridículo es Peggy?— logró con su dinero
sacarte del campo de concentración.
Regresaste, Max.
Llamaste a mi padre.
Te dijo que eras un degenerado
y que te olvidaras de mí.
Pero tú regresaste.
Allí,
en la casa abandonada,
encontraste mi nota
sobre la cama.
Buscas el papel en el bolsillo. Me lo enseñas como un exvoto.
«Después nos iremos al oeste. Como los pájaros.
Nos encontraremos en ESTREMADURA».
En un callejón hacemos el amor
como pájaros desahuciados.
Y lloramos, lloramos, lloramos.
Nuestros cuerpos están juntos,
pero nuestros espíritus no, ya no.

—Has sobrevivido, Max, corazón mío. Ahora perteneces a la otra mujer. Como yo, también cruzarás el mar y escaparás de Europa. ¿Nos volveremos a encontrar? ¿Me buscarás en Nueva York? ¿Cómo nos llamaremos entonces? Porque no seremos «nosotros» ni «amor mío». ¿Qué seremos, Max? ¿Qué dirán tu esposa y mi esposo cuando nos vean juntos? ¿Qué seremos entonces? ¿Viejos amantes, amigos, o los fantasmas de un teatro abandonado? Lo que no seré nunca más es tu musa. Ni la tuya ni la de nadie. Si alguien me llama así, le escupiré. No te sorprendas.

Le devuelvo el pasaporte
que había guardado en mi pecho
todo este tiempo.
Suenan las notas de un fado.
Lo acompaño al hotel donde lo espera la otra mujer.
«Es tuyo», y se lo entrego.
Al menos el cuerpo, al menos el cuerpo.
Eso pienso.
Me despido de Max.
Ahora sé que no puedo decir «para siempre».

A los pocos días, me caso con Renato.
Veo la fecha junto a nuestros nombres. 26 de mayo de 1941.

¿Es una ceremonia o un trámite? ¿He empezado a amarlo? Creo que sí. Creo que es una forma de amor tan tranquila que aún no la reconozco.

—Nos tenemos que ir, Leonora —dice Renato.

Y sonríe. Y su sonrisa es suficiente para inaugurar un mundo, una posibilidad.
Ya no soy la Hermosa joven que pasó por París enamorada.

Soy el resultado del tiempo.
Lo que tuve que decir ahora está revelado.

La Verdad es lo extraño, lo maravilloso.

El fado llega a su fin.

revelación

LEONORA.–

Si este escenario no fuera un escenario, sería un lienzo.
Ya está casi terminado el cuadro que quiero entregarles.
Lo último que pinto es esta escena.
La del puerto.
El puerto de Lisboa una mañana de julio de 1941.

Esa de ahí, sentada sobre una maleta o de pie, da igual,
soy yo, Leonora Carrington, y estoy a punto de subir a un barco.

Tengo veinticuatro años,
pero mi voz podría estar en un cuerpo de diez
o de cincuenta o de cien.
Porque en el lienzo conviven
el pasado, el presente y el futuro.

El barco se llama SS Exeter y se dirige a Nueva York,
pero mi destino final es México.
MÉ-XI-CO.
Cuando pronuncio esas sílabas,
escucho un aleteo verde iridiscente,
y oro y azul violeta y carmesí.

Y comprendo que me dirijo
a la otra orilla de mi vida.

Suena la sirena del barco con insistencia.
Renato sonríe y me hace un gesto para que lo siga
por la escalerilla.

El sol lo ilumina por la espalda. Su silueta a contraluz arroja chispas en la cubierta. Aquí hay gente de todos lados: judíos, muchos judíos, españoles, franceses, portugueses, griegos, ingleses, turcos... Un acordeón toca una vieja melodía de gitanos. Avanzo hacia la proa y en el horizonte vislumbro el espíritu de mi madre y el de la madre de mi madre y el de todas mis ancestras, y, con ellas, a todas las Leonoras que fui y a las que esperan chiquititas por nacer. El barco atraviesa el océano como un estilete. Ahora sí que veo alas por todos lados, ¡por todos lados! Va quedando lejos la orilla. Distingo formas que se agitan allí. Son los caballos de mi padre. Relinchan desesperados porque nunca podrán cruzar el mar. Nunca podrán alcanzarme.

Me llamo Leonora Carrington.

En mi maleta hay una palabra escrita:
REVELACIÓN

LEONORA avanza hacia nosotros.
Y todo se llena de luz hasta el oscuro final.

Índice

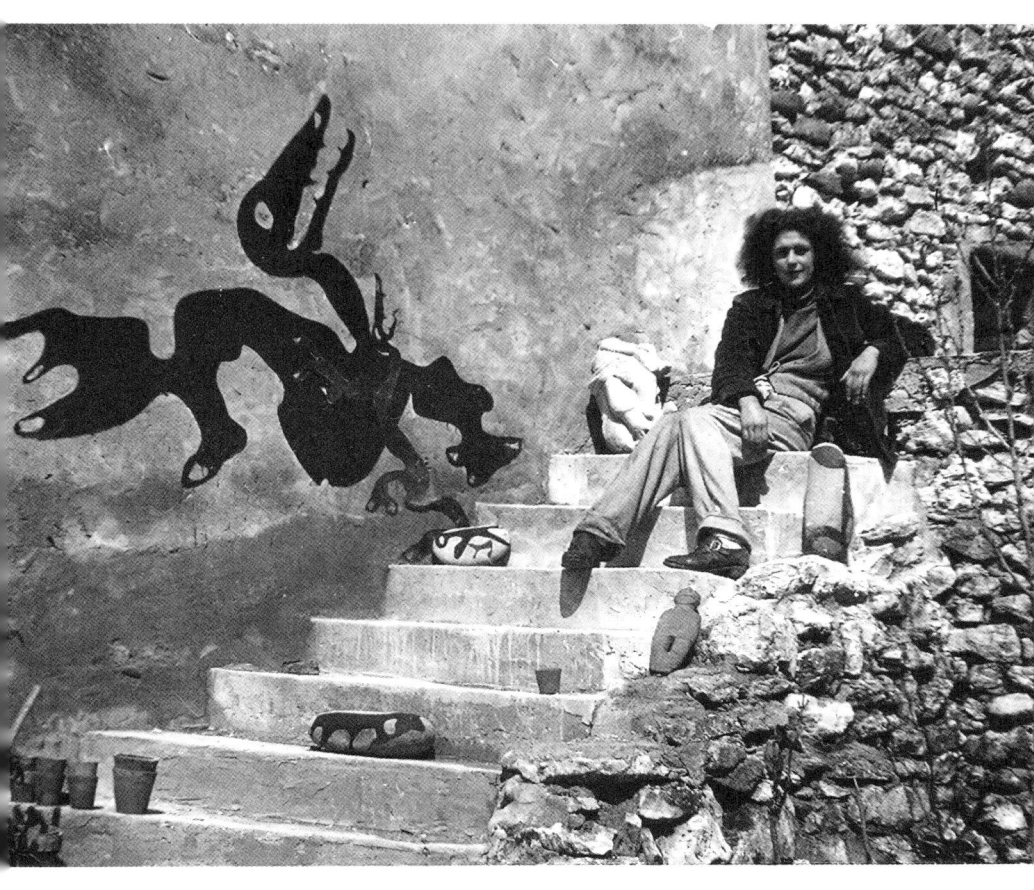